探求的に学ぶ中国語

~SDGs×連環画~

山田 留里子 著

駿河台出版社

音声について

本書の音声は、下記サイトより無料でダウンロード、およびストリーミングでお聴きいただけます。

https://stream.e-surugadai.com/books/isbn978-4-411-03172-3/

＊ご注意
- PC からでも、iPhone や Android のスマートフォンからでも音声を再生いただけます。
- 音声は何度でもダウンロード・再生いただくことができます。
- 当音声ファイルのデータにかかる著作権・その他の権利は駿河台出版社に帰属します。無断での複製・公衆送信・転載は禁止されています。

装丁・本文デザイン：小熊　未央

はじめに

"多听、多说"（沢山聞いて、沢山話す）は、外国語習得に大切な学習方法です。これによって、中国語会話をマスターした方は多いでしょう。しかしながら、学習が進んでいくうちに会話だけではなく、中国語で書かれた新聞や小説などを読んで、中国語周辺に関する情報をもっと増やしたい、SNSなどを使って中国にいる友人に中国語で発信してみたいと思う方も多いでしょう。

さて、現在の世界情勢を見ると、パンデミックやウクライナ情勢などに代表されるような私たちを取り巻く課題は依然として様々です。このような環境にあって、人と人を繋ぎ、答えの定まらない世界的問題を解決していく意識を変革していくための「コミュニケーション力」、「チーム力」、「課題解決力」など、グローバル人材として求められる力を強化することは、急務であるといえましょう。中国語を学びつつ、探求的学びができれば、という思いで、世界的に実施されている"SDGs"に関する知識を本書に取り入れました。つまり「誰一人取り残さない」という"SDGs"の核心をテーマにしながら、中国の友人たちとより深いコミュニケーションができるような内容を編集いたしました。そのため"SDGs"に取り上げられる単語や関連する語句を増やしながら、グローバル化が進む中、そのプラスの面はもちろんのこと、マイナスの面とも考えられる地球的課題について、中国語を学びながら深めていくことができます。例えば、食品ロスに代表される食糧問題や「命にかかわる危険な暑さ」ともいわれるようになった、いわゆる異常気象に代表される気候変動など、地球的規模の環境問題などがあげられます。そして、これらの課題解決のために行われているフェアトレードやエシカル消費などといった、より具体的な専門用語や関連用語も中国語で学習できるようにしました。

本テキストは、初級段階の学習者には内容が少し難解と思われる可能性もあると考え、「連環画」を用い難しい内容もイメージができるようにしました。

本書に関する重要な資料は、関東学院大学図書館司書の立石文恵先生に作成して頂きました。また探求的な学びをサポートするための「計画事例」も作成しておりますので、活用して頂けましたら幸いです。付録として、中国の方々と交流する際にとても便利な簡単な連環画会話とダウンロード可能音声教材もつけましたので、ぜひ中国語会話も楽しく学んでください（『歌で覚える中国語』駿河台出版社）。

最後になりましたが、本テキスト編集にあたり以下の方々の協力を得ることができました。感謝の気持ちをお伝えしたいと思います。

立石文恵氏（本学図書館司書）、王浩澤氏（在上海）、伊井健一郎氏（姫路獨協大学名誉

教授）、佐野予理子氏（本学人間共生学部准教授）、小熊未央氏（イラストレーター）

　本教材の作成に当たり、科研費（22K00827）の助成を受けました。心から感謝申し上げます。

関東学院大学人間共生学部　　　山田留里子

2025年　春節　横浜関内にて

目　次

はじめに ………………………………………………………………………………… 3

第1課 ● 世界の教育問題について考える ……………………………… 6

第2課 ● 世界の貧困問題と食品ロス ……………………………………… 10

第3課 ● 世界の飢餓問題について考える ……………………………… 14

第4課 ● 地球環境について、海の生き物から考える ………… 18

第5課 ● 地球規模の気候変動について考える ………………………… 22

第6課 ● 住環境と福祉における問題について考える ……………… 26

第7課 ● 防災における都市の役割 ……………………………………… 30

第8課 ● エネルギー問題 …………………………………………………… 34

第9課 ● 食品ロス問題 …………………………………………………………… 38

第10課 ● 誰一人置き去りにしない ……………………………………… 42

付録　探求活動サポート計画表 ………………………………………… 46
　　　漫画で学ぶサクッと簡単中国語会話 ……………………… 47
　　　図書館文献検索講座「"SDGs"に関する文献を探そう！」… 64
　　　SDGs ブックリスト ………………………………………………… 70

5

第1課 世界の教育問題について考える

課題① 新出単語　漫画の中にある単語に☑をいれましょう！ 🎵02

- ☐ 孟加拉国 Mèngjiālāguó　バングラデシュ
- ☐ 引入 yǐnrù　導入する
- ☐ 学习方法 xuéxí fāngfǎ　学習法
- ☐ 补习班 bǔxíbān　学習塾
- ☐ 国际协力机构（JICA）Guójì Xiélì Jīgòu　国際協力機構
- ☐ 支持 zhīchí　支持する
- ☐ 试验 shìyàn　実験する
- ☐ 详细 xiángxì　詳細である
- ☐ 灵活 línghuó　柔軟である
- ☐ 指导 zhǐdǎo　指導する
- ☐ 好像 hǎoxiàng　まるで～のようだ
- ☐ 联合国 Liánhéguó　国連
- ☐ 发展 fāzhǎn　発展する、発展させる
- ☐ 提高 tígāo　向上する、高める
- ☐ 推广 tuīguǎng　普及させる

- ☐ 前进 qiánjìn　前進する
- ☐ 小学 xiǎoxué　小学校
- ☐ 公文式 Gōngwénshì　公文式
- ☐ 大型 dàxíng　大型、大手
- ☐ 机构 jīgòu　機構
- ☐ 从 cóng　～から
- ☐ 更 gèng　更に
- ☐ 说明 shuōmíng　説明する
- ☐ 根据 gēnjù　～によって
- ☐ 特点 tèdiǎn　特徴
- ☐ 遗漏 yílòu　漏れる
- ☐ 持续 chíxù　続く
- ☐ 理念 lǐniàn　理念
- ☐ 优质 yōuzhì　上質
- ☐ 目标 mùbiāo　目標

 課題②　問題提起

「多文化共生には、互いの差異を認め合い、受け入れることが不可欠」といわれますが、紛争などで避難を余儀なくされた人は、世界では現在6850万人に上るとされています。今、国連で策定されている「難民に関するグローバル・コンパクト」は、難民保護を目的とした行動計画も、質の高い教育を普及させる上で、重要なカギともなります。「全ての人に包摂的かつ公平な質の高い教育を確保し、生涯学習を促進する」を目指すには、難民も含めたあらゆる子供たちが公平な質の高い初等・中等教育を修了することに繋がっているからです。

世界の教育に関して、現状を調べながらクイズ問題を作成し、その答えと現状をまとめましょう。

問題 選択肢 1. 2. 3. 4.	答え 現状

課題③ 中国語と日本語の対訳を見ながら、単語をまとめましょう。

中国語

🎵 03

　　日本也采用了SDGs（可持续发展目标），现在社会各界都在采取各种措施进行推广活动，比如把人气歌手皮口太郎选为联合国代言人等等。SDGs有17个领域的目标，在制定这些目标时，有超过700万人为其提出了意见，其中七成以上是不到30岁的年轻人。

　　也可以说，达成SDGs的目标，青年做为主体其重要性不言而喻。为了实现这个构想，大家通过学习这本教材，请尝试思考如何将理论转化为具体的实践活动。

　　首先，我们在第一课通过了解JICA（Japan International Cooperation Agency）的实际事例来考虑一下，为了营造"一个都不能少"的社会氛围，"教育"能起什么样的作用。

日本語

　　SDGsが採択され、歌手のピコ太郎さんを国連の広報活動に起用したりするなど啓発活動を推進しています。SDGsには17の分野にわたる目標が掲げられています。この制定作業に届けられた700万人以上の内7割以上を30歳未満の若い世代が占めていたそうです。すなわちSDGsの目標達成は、あなた方青年に委ねられているともいえます。この教材を通し構想の実現に向け、それを具体的な行動に移す方法を考えていって下さい。

　　まず、第1課では「誰も置き去りにしない」社会の実現へ「教育」が果たす役割を、JICA（Japan International Cooperation Agency）の活動を具体例としてあげ、考えていきましょう。

単語	ピンイン	意味	単語	ピンイン	意味
采用			采取		
措施			推广		
比如			实现		
领域			联合国		
转化			氛围		
提出			目标		
掉队			考虑		
也可以说			年轻人		
构想			推动		
加紧			为了达成		
尤其			不断		

課題④ 練習問題に挑戦しましょう。

　　日本也采用(1) SDGs（可持续发展目标），现在采取各种措施进行推广活动，比如把人气歌手皮口太郎选为联合国代言人等。SDGs有17个领域的目标，(2)制定这些目标时，700万以上的人为其提出了意见，其中七成以上是不到30岁的年轻人。

　　也可以说，为了达成SDGs的目标，青年做为主体而加紧推动尤其重要。为了实现(3)这个构想，请大家通过学习这本教材，不断(4)将想法转化为具体的实施行动。

　　首先我们在第一课看看JICA（Japan International Cooperation Agency）的活动来考虑一下，为(5)实现"不让任何一个人掉队"的社会氛围，"教育"能起什么样的作用。

1 空欄(1)を埋めるのに適当なものはどれですか。

　　① 过　　② 的　　③ 了　　④ 着

2 空欄(2)を埋めるのに適当なものはどれですか。

　　① 下　　② 上　　③ 的　　④ 在

3 下線部(3)"这个"の表すことは何か。以下に日本語で述べなさい。

4 空欄(4)を埋めるのに適当なものはどれですか。

　　① 了　　② 得　　③ 地　　④ 的

5 空欄(5)を埋めるのに適当なものはどれですか。

　　① 了　　② 呢　　③ 吗　　④ 吧

第2課 世界の貧困問題と食品ロス

課題① 新出単語　漫画の中にある単語に☑を入れましょう！　🎵05

- ☐ 世界 shìjiè　世界
- ☐ 生活费 shēnghuófèi　生活費
- ☐ 考虑 kǎolǜ　考慮する
- ☐ 下次 xiàcì　次回
- ☐ 课堂 kètáng　授業
- ☐ 竟 jìng　意外にも
- ☐ 应该 yīnggāi　～するべき
- ☐ 觉得 juéde　～と思う
- ☐ 节约 jiéyuē　節約する

- ☐ 美元 Měiyuán　米ドル
- ☐ 知道 zhīdao　知っている
- ☐ 上次 shàngcì　前回
- ☐ 老师 lǎoshī　先生
- ☐ 说 shuō　言う
- ☐ 就算 jiùsuàn　たとえ～でも
- ☐ 辛苦 xīnkǔ　苦労する
- ☐ 浪费粮食 làngfèi liángshi　食糧を浪費する
- ☐ 剩 shèng　残る、残す

 課題② 問題提起

　SDGsの進捗状況を話し合う閣僚会合では、2018年7月18日、2030年の目標達成を目指すことを再度確認する閣僚宣言が採択され、宣言では、途上国の開発支援策定も盛り込む必要性を指摘しています。しかしながら、現在の状況はどのようになっているのか、ここでは、世界の人口の半分が1日2ドル未満で生活している状況など、貧しい生活を強いられている人々がいることに思いをはせ、食べ残しを減らすなどの、具体的な方法について考えていきましょう。

　世界の貧困状況に関し、現状を調べながらクイズ問題を作成し、その答えと現状をまとめましょう。

問題	答え
選択肢 1． 2． 3． 4．	現状

課題③ 日本語と中国語の対訳を見ながら、単語をまとめましょう。

中国語 🎵06

　　"全球前8位超级富豪拥有的财富相当于全球较贫困的一半人口36亿人的财富总和"。这条报道给全球带来了很大的冲击，那"贫困"到底是什么样的状态呢？世界银行对贫困的定义是："缺少最基本的收入和福利"，特别是"一天只有1.9美元以下的生活费"*。

　　虽然"贫困"在所有地区慢慢减少，但在有内战的国家和过度依赖于初级产品出口的国家，"贫困"的程度和规模反而在逐渐扩大，可以说因为地域的关系，"贫困"的情况千差万别。

＊世界银行在2015年10月，把国际贫困线从1.25美元一天改为1.90美元一天。

日本語

　　「世界人口の下位半分36億人より多くの富を、上位8人の億万長者が持っている」という報告は世界に衝撃を与えましたが、さて「貧困」とはどのような状態を指すのでしょうか。世界銀行によると「収入も最低限のサービスも足りない状態」、特に「1日1.9ドル以下で生活している」*と定義しています。貧困はすべての地域で減少しつつありますが、紛争を抱える国や、一次産品の輸出に過度に依存する国では、貧困の度合いと規模が拡大しつつあり、地域格差が大きいといえます。

＊世界銀行は、2015年10月、国際貧困ラインを1日1.25ドルから1.90ドルに改定しました。

単語	ピンイン	意味	単語	ピンイン	意味
全球			超级		
富豪			拥有		
财富			相当于		
贫困			总和		
报告			冲击		
到底			状态		
银行			定义		
收入			起码		
福利			不够		
特别			虽然		
慢慢			减少		
内战			依赖于		
初级			规模		
逐渐			扩大		

課題④ 練習問題に挑戦しましょう。

　　"全球前8位超级富豪拥有的财富相当于全球较贫困的一半人口36亿人的财富总和"。这(1)报道给全球带来了很大的冲击，那"贫困"到底是什么样的状态呢？世界银行(2)贫困的定义是："缺少最基本的收入和福利"，特别是"一天只有1.9美元以下的生活费"*。

　　虽然(3)"贫困"在所有地区慢慢减少，(4)在有内战的国家和过度依赖(5)初级产品出口的国家，"贫困"的程度和规模反而在逐渐扩大，可以说因为地域的关系，"贫困"的情况千差万别。

＊世界银行在2015年10月，把国际贫困线从1.25美元一天改为1.90美元一天。

1 空欄(1)を埋めるのに適当なものはどれですか。

　　① 块　　② 辆　　③ 张　　④ 条

2 空欄(2)を埋めるのに適当なものはどれですか。

　　① 对　　② 给　　③ 向　　④ 面

3 下線部(3)の表す意味を述べなさい。

4 空欄(4)を埋めるのに適当なものはどれですか。

　　① 再　　② 又　　③ 但是　　④ 都

5 空欄(5)を埋めるのに適当なものはどれですか。

　　① 过　　② 把　　③ 于　　④ 着

第3課 世界の飢餓問題について考える

課題①　新出単語　　漫画の中にある単語に☑を入れましょう！　　♪08

- □ 记得 jìde　覚えている
- □ 其他 qítā　その他
- □ 在……下 zài ……xià　〜のもと、〜によって
- □ 指导 zhǐdǎo　指導する
- □ 听说 tīngshuō　聞くところによると
- □ 打包 dǎbāo　（残った料理を）持ち帰るためにパックに詰める
- □ 建议 jiànyì　提案する
- □ 浪费 làngfèi　浪費する

- □ 水壶 shuǐhú　水筒、マイボトル
- □ 午饭 wǔfàn　昼食
- □ 同学 tóngxué　同級生
- □ 废弃 fèiqì　廃棄する
- □ 比如说 bǐrú shuō　たとえば
- □ 杜绝 dùjué　徹底的に止める
- □ 没错 méi cuò　間違いない

第3課

 課題②　問題提起

　世界のプラスチックごみは年間3億トンを超え、今日では1980年の6倍に増え、観光や漁業への損害が年間約1兆4000億円になり、プラスチックの使用増加や不適切な廃棄は環境に深刻な影響を及ぼすとの報告がありました（OECD 2018年8月4日）。リサイクル強化のためのレジ袋の有料化なども導入されていますが、リサイクル率は全体の15%です。ここでは、本文の「食品ロス」と「リサイクル」なども射程にいれ、「飢餓をゼロに」について考えます。

　世界の飢餓状況に関し、現状を調べながら、クイズ問題を作成し、その答えと現状をまとめましょう。

問題	答え
選択肢 1． 2． 3． 4．	現状

課題③ 日本語と中国語の対訳を見ながら、単語をまとめましょう。

中国語 ♪09

　　虽然还可以吃，但却被扔掉的食物叫做"食物浪费"。据说在日本，一年的食物废弃量多达约2,800万吨，其中"食物浪费"大约646万吨。这个数量相当于向全世界苦于饥饿人群所援助的食物量的2倍。

　　现在全世界有8亿零500万人被饥饿所折磨。在日本，据说每7个孩子当中就有1个处在贫困状态，尤其是单亲家庭的相对贫困率超过五成。为了解决这样的问题，以地区居民或地方政府为主导，已在运营中的"孩子食堂"已经超过150个，可以向孩子们提供免费或者价格优惠的食物。

日本語

　「食品ロス」とは、まだ食べられるのに廃棄される食品のことですが、日本国内における年間の食品廃棄量は約2,800万トンといわれ、「食品ロス」は約646万トンとされています。これは世界中の飢餓で苦しむ人々に向けた世界の食糧援助量の2倍に相当します。

　そして世界では今、8億500万人が飢餓に苦しんでいるのです。日本では子供の7人に1人が貧困状態にあるといわれ、特にひとり親家庭の相対的貧困率が5割を超えています。これらの現状を打開するため、地域住民や自治体が主体となって無料または低料金で子どもたちに食事を提供するコミュニティの場「子ども食堂」は、今、全国で150箇所以上にも広がっています。

単語	ピンイン	意味	単語	ピンイン	意味
还能吃			免费		
废弃			食物浪费		
据说			废弃量		
多达			吨		
数据			相当于		
向			苦于		
饥饿			援助		
交流场所			竟有		
扔掉			被饥饿所折磨		
孩子食堂			尤其是		
单亲家庭			相对贫穷率		
超过			廉价		
为了			解决		
地区居民			扩大		
做主			运营		

16

【応用語句】
1. 浪费可惜 làngfèi kěxī：もったいない　　2. 素食者 sùshízhě：ベジタリアン、菜食主義者
3. 纯素食者 chún sùshízhě：ヴィーガン　　4. 弹性素食者 tánxìng sùshízhě：フレキシタリアン

 課題④　練習問題に挑戦しましょう。

　　虽然还可以吃，但却(1)扔掉的食物叫做"食物浪费"。据说在日本，一年的食物废弃量多达约2,800万吨，其中"食物浪费"(2)约646万吨。(3)<u>这个数量相当于向全世界苦于饥饿人群所援助的食物量的2倍。</u>

　　现在全世界有8亿零500万人被饥饿所折磨。在日本，据说每7个孩子当中就有1个处(4)贫困状态，尤其是单亲家庭的相对贫困率超过五成。为了解决这样的问题，以地区居民或地方政府为主导，已在运营中的(5)<u>"孩子食堂"</u>已经超过150个，可以向孩子们提供免费或者价格优惠的食物。

1 空欄(1)を埋めるのに適当なものはどれですか。
　① 把　　② 给　　③ 被　　④ 使

2 空欄(2)を埋めるのに適当なものはどれですか。
　① 少　　② 小　　③ 多　　④ 大

3 下線部(3)の表すものを書きなさい。

4 空欄(4)を埋めるのに適当なものはどれですか。
　① 给　　② 就　　③ 在　　④ 于

5 下線部が表す意味について、詳しく述べなさい。

17

第4課 地球環境について、海の生き物から考える

我们学校附近有一个很大的水族馆。那里有很多海洋生物。你去过水族馆吗?
私の大学の近くに大きな水族館があって、たくさんの海の生き物がいますよ。水族館に行ったことはある?

真的吗?中国也有很多大型水族馆,不过我还没去过。
そう?中国にも大きな水族館はあると思うけれど、まだ行ったことはないね。

真可惜。海豚的表演特别精彩。
イルカのショウがすごく素敵ですよ。

很想去看。海里的生物和人能够一起和谐共处,这真是太好了。
ぜひ行ってみたい。海の生き物と人間が共に素敵な時間を過ごせるっていいね。

就是。我说的那个水族馆,现在正在举办以持续共生为主题的各种活动呢。
そう。その水族館では今、持続可能な共生について様々な活動をやっているそうよ。

原来如此。要是在中国建一个日中联合的水族馆就好了。
そうなんだ。日中共同の水族館が中国にできたら素敵だろう。

嗯,这样的话,大家都有机会了解海洋的丰富性。
海の豊かさを知るいいチャンスね。

課題① 新出単語　漫画の中にある単語に☑を入れましょう。　♪11

- ☐ 附近 fùjìn　近く
- ☐ 海洋生物 hǎiyáng shēngwù　海洋生物
- ☐ 海豚 hǎitún　イルカ
- ☐ 特别 tèbié　格別
- ☐ 和谐共处 héxié gòngchǔ　和やかに共存する
- ☐ 和 hé　～と
- ☐ 持续 chíxù　持続する
- ☐ 原来如此 yuánlái rúcǐ　なるほど

- ☐ 丰富 fēngfù　豊かである
- ☐ 水族馆 shuǐzúguǎn　水族館
- ☐ 真可惜 zhēn kěxī　残念ながら
- ☐ 表演 biǎoyǎn　演技をする
- ☐ 精彩 jīngcǎi　すばらしい
- ☐ 举办 jǔbàn　開催する
- ☐ 各种 gè zhǒng　さまざまな
- ☐ 机会 jīhuì　機会、チャンス

課題② 問題提起

第3課ではプラスチックごみの悪影響について学びました。

報告によると、プラスチックは海の野生生物の生存を脅かし、その中の化学物質が食品を通じて人体に入り込み、人間の健康をも脅かすとあります（OECD 2018年8月4日）。世界の動きをみると、パラオでは、80％の沿岸管轄区域内のすべての海洋生物が保護される「パラオ国家海洋保護区設置法」や、ビニール袋の使用禁止に向けた法律が制定されました。

地球環境に関する問題をクイズ形式で作成し、その現状について調べていきましょう。

問題	答え
     選択肢 1. 2. 3. 4.	 現状

第4課

19

課題③ 中国語と日本語の対訳を見ながら、単語をまとめましょう。

中国語 ♪12

　"横滨的八景岛海上乐园"，又称"Sea Para"，是和地区密切合作的复合型水族馆，现在已经开业30年了。
　这个水族馆分几个区域，主馆区叫做"海族之馆"，分馆区是以海豚表演为主的"海豚幻想"。在展区内还有可以近距离观察和接触动物的"海洋亲密馆"，以及具备游乐设施的"Pleasure Land（游乐园）"。
　他们通过展示海洋、岛屿和生物的魅力，为所在地区的社会发展和环保活动贡献着自己的力量。

日本語

　開業30周年を迎えた横浜・八景島シーパラダイスは、通称"シーパラ"と呼ばれ、地域とも密着した複合型水族館です。
　本館は"アクアミュージアム"、別館はイルカの展示を中心とした"ドルフィンファンタジー"、展示エリアでは、動物を間近で観察したり、触れ合うこともできる"ふれあいラグーン"、乗り物施設は"プレジャーランド"などがあります。
　まさに海・島・生き物の魅力を通し、地域社会の発展や環境保全にも取り組んでいます。

単語	ピンイン	意味	単語	ピンイン	意味
横浜八景岛海岛乐园			密切		
复合型			水族馆		
开业			区域		
以海豚的展示为主					
海豚幻想			零距离		
观察			接触		
动物			海洋亲密馆		
具备			环保活动		
游乐设施			游乐园		
通过			海洋		
岛屿			生物		
魅力			贡献于		
所在地区			社会		
发展			尽力于		

課題④ 練習問題に挑戦しましょう！

　　"横浜的八景岛海上乐园"，又称"Sea Para"，是(1) 地区密切合作的复合型水族馆，现在已经开业30年了。
　　这个水族馆分几个区域，主馆区(2) 做"海族之馆"，分馆区是以海豚表演为主的(3)"海豚幻想"。在展区内还有可以近距离观察和接触动物的"海洋亲密馆"，(4) 具备游乐设施的"Pleasure Land（游乐园）"。
　　(5)他们通过展示海洋、岛屿和生物的魅力，为所在地区的社会发展和环保活动贡献着自己的力量。

1 空欄(1)を埋めるのに適当なものはどれですか。

① 又　　② 和　　③ 向　　④ 在

2 空欄(2)を埋めるのに適当なものはどれですか。

① 述　　② 话　　③ 说　　④ 叫

3 下線部(3)が表す意味について述べなさい。

4 空欄(4)を埋めるのに適当なものはどれですか。

① 以及　　② 而且　　③ 但是　　④ 不过

5 下線部が表すことをまとめなさい。

第5課 地球規模の気候変動について考える

課題①　新出単語　　漫画の中にある単語に☑を入れましょう。　　♪14

☐ 最近 zuìjìn　最近
☐ 每天 měi tiān　毎日
☐ 睡觉 shuìjiào　眠る
☐ 同感 tónggǎn　共感する
☐ 上升 shàngshēng　上昇する
☐ 淹没 yānmò　水没する
☐ 力所能及 lìsuǒnéngjí　（自分の）能力に相応する
☐ 限制 xiànzhì　制限する
☐ 抑制 yìzhì　抑制する
☐ 草帘 cǎolián　すだれ

☐ 越来越 yuèláiyuè　ますます
☐ 空调 kōngtiáo　エアコン
☐ 明显 míngxiǎn　明らかである
☐ 随着 suízhe　〜とともに、〜に従う
☐ 岛屿 dǎoyǔ　島嶼
☐ 担心 dānxīn　心配する
☐ 阳台 yángtái　ベランダ
☐ 升温 shēngwēn　気温が上がる
☐ 防晒 fáng shài　日を遮る

 課題②　問題提起

　2024年夏も、世界いたるところで記録的な猛暑に見舞われました。「命にかかわる」というような修飾語もよく耳にするようになりました。今後さらに大きな問題となることが予想され、2040年までには「1年おきに」発生する可能性もあるとするニュースも毎日のように放送されています。

　二酸化炭素の排出量が多い状況がこのまま続けば、世界の多くの都市で、熱波を原因とする死者が多く出てしまうと予想されていますが、気候変動に関する具体的な対策を、身近な例をあげ考えていきましょう。

　まず、クイズ形式で問題を作成し、そのあとでその現状をまとめながら、各自で具体的な方法を考え、以下に記載してください。

問題	答え
選択肢 1. 2. 3. 4.	現状

23

課題③ 中国語と日本語の対訳を見ながら、単語をまとめましょう。

中国語 🎵15

　　有报告说："因受北极气温上升等气候变化的影响，瑞典最高峰克布内凯塞山（Kebnekaise Mt.）南峰的冰河融化，恐怕将失去国家最高峰的头衔"（2018年8月2日AFP）。这样看来，气候变化也不仅仅是帕劳等太平洋岛国的问题。
　　地球变暖是全球的问题，可以说没有一个国家是和这个问题无关的。为了下一代，我们一定要解决这个问题。

日本語

　「北極の温度が上がるなど、急速な気候変動の影響で、スウェーデンの最高峰ケブネカイセ山（Kebnekaise Mt.）南頂の氷河が溶け、最高峰ではなくなるとの懸念を示した」（2018年8月2日AFP）との報告がありました。このように気候変動は、パラオや太平洋諸国に限定されたものではありません。温暖化の問題は、地球的課題でもあり、この課題に無縁であり続けられる国はどこにもないといっていいでしょう。そして、このような危機は、次世代のためにも解決しなければなりません。

単語	ピンイン	意味	単語	ピンイン	意味
有报告说			上升		
北极气			气候变化		
影响			瑞典		
最高			克布内凯塞山（Kebnekaise Mt.）		
南峰			冰河		
融化			恐怕		
将			失去		
国家最高峰头衔			这样看来		
气候			不仅仅是		
帕劳			太平洋岛国		
地球变暖			全球的问题		
可以说			为了下一代		
因					

【応用語句】

1. MSC 蓝色生态标志 MSC lánsè shēngtài biāozhì：MSC 海のエコマーク
2. 海洋塑料垃圾 hǎiyáng sùliào lājī：海洋プラスチックごみ
3. 海洋酸化 hǎiyáng suānhuà：海洋酸性化
4. 极端天气 jíduān tiānqì：異常気象
5. 绿色窗帘 lǜsè chuānglián：緑のカーテン

| 6. 碳中和 tàn zhōnghé：カーボンニュートラル |

 課題④ 練習問題に挑戦しよう。

　有报告说："因受北极气温上升等气候变化的影响，瑞典最高峰克布内凯塞山（Kebnekaise Mt.）南峰(1)冰河融化，恐怕将失去国家最高峰的头衔"（2018年8月2日 AFP）。这样看来，气候变化也不(2)是帕劳等太平洋岛国(3)问题。
　地球变暖是全球的问题，可以说没有一个国家是和这个问题无关(4)。为了下一代，我们一定要解决(5)这个问题。

1 空欄(1)を埋めるのに適当なものはどれですか。
　① 得　　② 地　　③ 之　　④ 的

2 空欄(2)を埋めるのに適当なものはどれですか。
　① 仅仅　　② 尽量　　③ 尽快　　④ 仅能

3 空欄(3)を埋めるのに適当なものはどれですか。
　① 了　　② 地　　③ 的　　④ 得

4 空欄(4)を埋めるのに適当なものはどれですか。
　① 是　　② 得　　③ 也　　④ 的

5 空欄(5)が表すことについて、詳しく述べよ。

第6課 住環境と福祉における問題について考える

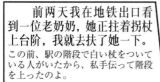

課題① 新出単語　漫画の中にある単語に☑を入れましょう。　🎵 17

- □ 地铁　dìtiě　地下鉄
- □ 拄　zhǔ　（杖などを）つく
- □ 台阶　táijiē　階段
- □ 勇气　yǒngqì　勇気
- □ 犹豫　yóuyù　ためらう
- □ 优先座位　yōuxiān zuòwèi　優先席
- □ 老幼病残孕　lǎo-yòu-bìng-cán-yùn　老人、幼児、病人、障がい者、妊婦
- □ 让座　ràngzuò　席を譲る
- □ 积极　jījí　積極的である
- □ 老奶奶　lǎonǎinai　祖母、おばあさん
- □ 拐杖　guǎizhàng　杖
- □ 盲人　mángrén　盲人
- □ 帮助　bāngzhù　手伝う
- □ 列车　lièchē　列車
- □ 加油　jiāyóu　頑張る
- □ 习惯　xíguàn　習慣
- □ 主动　zhǔdòng　自発的である

 課題②　問題提起

　中国のバスや地下鉄において、"爱心专座"や"爱心座椅"と表示されている座席は、日本における「優先席」と同様の意味を表します。

　かつて、中国に滞在した時、地下鉄やバスをよく利用しましたが、中国の若者が高齢者を見かけると、すぐに席を譲っていた様子は印象的でした。

　日本では，最近地下鉄や電車などの、朝7時から9時までの時間帯によっては、「女性専用車両」が設置されています。中国では"女性专用车厢"と言いますが、まだ多くは普及していないようです。

　世界の社会環境に関しての問題をクイズ形式で作成し、現状も記載しなさい。

問題	答え
選択肢 1. 2. 3. 4.	現状

第6課

27

課題③ 中国語と日本語の対訳を見ながら、単語をまとめましょう。

中国語 🎵 18

　　在中国的公交或地铁上，有写着"爱心专座"或"爱心座椅"的座位，相当于日本的"优先席"。以前我在中国的时候经常乘坐公共交通，中国的年轻人一看到老年人就让座，他们的行为给我留下了深刻的印象。
　　最近，日本的地铁或电车，早上7点到9点等时间段设置了"女性专用车辆"，中文叫做"女性车厢"，但好像还没有那么普遍。

日本語

　　中国では、バスや地下鉄などの交通機関において、"爱心専座"や"爱心座椅"と表示されている座席があります。
　　日本における「優先席」と同様の意味を表しますが、かつて、私が中国に滞在した時、地下鉄やバスをよく利用したことがありますが、中国の若者は高齢者を見かけるとすぐに席を譲っていた微笑ましい様子がとても印象的でした。最近日本では、地下鉄や電車など朝7時から9時などの時間帯に「女性専用車両」というのが登場していて、中国語では"女性专用车厢"といいますが、中国ではあまり普及していないようです。

単語	ピンイン	意味	単語	ピンイン	意味
公共汽车			地铁		
爱心专座			爱心座椅		
座椅			以前		
经常			普遍		
公共交通			中国年轻人		
一看到			老年人		
让座			行为		
给			深刻		
印象			最近		
火车			早上		
时间段			设置		
女性专用车厢			叫做		

【応用語句】

1.	全民健康覆盖 quánmín jiànkāng fùgài：ユニバーサル・ヘルス・カバレッジ
2.	新型冠状病毒 xīnxíng guānzhuàng bìngdú：新型コロナウイルス
3.	mRNA 疫苗 mRNA yìmiáo：mRNA ワクチン

課題④ 練習問題に挑戦しましょう。

　　在中国的公交或地铁上，有写(1)"爱心专座"或"爱心座椅"的座位，相当于日本的"优先席"。以前我(2)中国的时候经常乘坐公共交通，中国的年轻人(3)看到老年人就让座，他们的行为给我留下了深刻的印象。

　　最近，日本的地铁或电车，早上 7 点(4) 9 点等时间段设置了「女性専用車両」，中文叫做"女性车厢"，但好像还(5)那么普遍。

1 空欄(1)を埋めるのに適当なものはどれですか。
　　① 过　　② 的　　③ 得　　④ 着

2 空欄(2)を埋めるのに適当なものはどれですか。
　　① 了　　② 得　　③ 地　　④ 在

3 空欄(3)を埋めるのに適当なものはどれですか。
　　① 前　　② 后　　③ 前　　④ 一

4 空欄(4)を埋めるのに適当なものはどれですか。
　　① 对　　② 向　　③ 给　　④ 到

5 空欄(5)を埋めるのに適当なものはどれですか。
　　① 不是　　② 没有　　③ 可是　　④ 是

6 中国と日本の優先座席の現状について、簡単に述べなさい。

第7課 防災における都市の役割

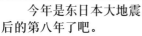

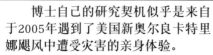

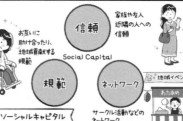

課題① 新出単語　漫画の中にある単語に☑を入れましょう。　♪20

- ☐ 地震 dìzhèn　地震
- ☐ 发言 fāyán　発言する
- ☐ 受灾地 shòuzāidì　被災地
- ☐ 考察 kǎochá　視察する
- ☐ 关联 guānlián　関連する
- ☐ 灾害地 zāihàidì　災害地
- ☐ 发挥 fāhuī　発揮する
- ☐ 契机 qìjī　きっかけ
- ☐ 新奥尔良 卡特里娜 Xīn'ào'ěrliáng Kǎtèlǐnà　ニューオーリンズ　カトリーナ
- ☐ 飓风 jùfēng　ハリケーン
- ☐ 亲身 qīnshēn　身をもって
- ☐ 为了 wèile　〜のために
- ☐ 难道……吗? nándào ……ma　まさか〜ではあるまい

- ☐ 深入 shēnrù　深く入り込む
- ☐ 阿尔德里奇博士 A'ěrdéliqí bóshì　アルドリッチ博士
- ☐ 亲自 qīnzì　自ら
- ☐ 进行 jìnxíng　行う
- ☐ 研究 yánjiū　研究する
- ☐ 关系 guānxi　関係
- ☐ 复兴 fùxīng　復興
- ☐ 稍微 shāowēi　ちょっと
- ☐ 美国 Měiguó　アメリカ
- ☐ 遭受 zāoshòu　(被害を)受ける
- ☐ 体验 tǐyàn　体験する
- ☐ 恢复 huīfù　回復する
- ☐ 思考 sīkǎo　思考する、考える

課題② 問題提起

　ノースイースタン大学のダニエル・アルドリッチ博士は「日常を取り戻すためには、人とのつながりが重要である」ということを強調しています。例えば、阪神・淡路大震災では神戸市9区の18年にわたるデータを分析したところ、NPO法人や地域に根差した組織の多い地区で、いち早く人口が回復し、インド洋大津波では、結婚式や葬式の件数が多い村で、同様の結果が出ているそうです。つまり、震災からの復興の焦点も、日頃から声を掛け合い、支えあうという、きずなを強めることを基盤に置く必要がある、ということになります。ここでは「つながり」をキーワードに、自身がなすべき具体的な考えをまとめていきましょう。
　世界の防災の現状について、クイズ形式で問題を作成し、その答えと現状を記載しましょう。

問題　　　　　　　　　　　　　　　　　選択肢　1.　2.　3.　4.	答え　　　　　　　　　　　　　　　　　現状

第7課

課題③　中国語と日本語の対訳を見ながら、単語をまとめましょう。　🎵 21

中国語

　　今年是东日本大地震之后的第12年。内阁政府不仅着眼于大城市与地区的联合协作，而且也注重通过完善公共交通网络来营造"可持续居住生活圈"的项目，开始逐步推广与地区经济振兴相类似的SDGs。
　　政府在2018年的年度预算的概算要求当中，列入了11亿8千万日元的相关预算，相当于每个项目补贴1亿日元。
　　其中，福冈县北九州市是比较有代表性的。北九州市不仅凭借自己克服环境公害的经验，积极地对中国的大气污染防治献计献策，而且在构建资源/能源的循环利用方面，也处于世界前列。

日本語

　　今年は東日本大震災から12年目を迎え、内閣府は、都市と地方の連携や公共交通網整備を通じた「住み続けられるまちづくり」に着目し、"地方創生"と考え方の近いSDGsの普及に乗り出しています。
　　政府は2018年度予算概算要求に、11億円8000万円を計上し、1件当たり1億円を補助する事業を行っています。
　　先進事例として、かつて公害を克服した歴史を踏まえ、中国の大気汚染対策への国際協力などに力を入れている北九州市は、世界をリードする資源・エネルギー循環システムの構築をしています。

単語	ピンイン	意味	単語	ピンイン	意味
东日本大地震			发生		
那一天			已经		
城市			小镇		
合作			通过		
修建			公共交通网		
城市创造			尽力于		
普及			搞活地方经济		
思想			相近		
概预算			算上		
11亿8000万日元			对于		
相关			项目		
补贴			先进		
事例			福冈县		
发挥			曾经		
克服			公害		

经验		大气污染	
对策		国际协力	
给予		协助	
构建		资源	
能量		循环	
系统		领先	

【関連語句】

1. 国际减少灾害风险日 guójì jiǎnshǎo zāihài fēngxiǎn rì：国際防災デー
2. 韧弹性 rèntánxìng：強靭性（レジリエンス）
3. 可持续交通 kěchíxù jiāotōng：（環境的に）持続可能な交通

 課題④ 練習問題に挑戦しましょう。

　　今年是东日本大地震发生后的第12年。内阁府注重城市(1)小镇的合作以及通过修建公共交通网，(2)"可持续城市和社区"，在尽力(3)普及和搞活地方经济思想相近的 SDGs。

　　日本政府(4) 2018年度概算要求时列入上了11亿8000万日元的费用，就是对于一个相关项目给1亿日元的补贴。

　　有一个先进事例，福冈县北九州市发挥曾经有过克服公害的经验而对中国大气污染对策的国际协力等给予协助，北九州市(5)在构建资源与能量循环系统，其技术领先世界。

1 空欄(1)を埋めるのに適当なものはどれか。
　①去　②才　③就　④来

2 空欄(2)を埋めるのに適当なものはどれか。
　①同　②是　③可　④和

3 空欄(3)を埋めるのに適当なものはどれか。
　①在　②下　③上　④前

4 空欄(4)を埋めるのに適当なものはどれか。
　①跟　②和　③同　④于

5 空欄(5)を埋めるのに適当なものはどれですか。　①对　②在　③也　④就

第7課

第 8 課　エネルギー問題

課題①　新出単語　漫画の中にある単語に☑を入れましょう。　♪23

☐ 完全　wánquán　完全に
☐ 环境　huánjìng　環境
☐ 运动　yùndòng　運動
☐ 遍及　biànjí　〜に及ぶ
☐ 能源　néngyuán　エネルギー
☐ 灭绝　mièjué　絶滅する
☐ 面临　miànlín　直面する
☐ 适用　shìyòng　適用する

☐ 兴起　xīngqǐ　出現する
☐ 保护　bǎohù　保護する
☐ 最终　zuìzhōng　最終的に
☐ 全球　quánqiú　全世界
☐ 粮食　liángshi　食糧
☐ 必须　bìxū　必ず〜ねばならない
☐ 联系　liánxì　連絡する、関係付ける。関係
☐ 调查　diàochá　調査する

 課題②　問題提起

　アフリカで4000万本の木を植えた「グリーン運動」の創始者・故ワンガリ・マータイ博士は、土壌の流出や飲み水の枯渇を止めるために、初めに7本の木を植えました。また、マータイ博士の地球資源に対し尊敬の念を込めた「もったいない」という日本語は、世界共通語「MOTTAINAI」として世界に広まっていきました。

　ここでは「あなたのもったいない」を具体的に考えていくために、クイズ形式で問題を作成し、答えと現状を調べましょう。

問題	答え
	現状
選択肢	
1.	
2.	
3.	
4.	

第 *8* 課

課題③　中国語と日本語の対訳を見ながら、単語をまとめていきましょう。

中国語　♪24

　　日本政府以"到2050年度，把温室气体排出量消减80%"为目标，为了实现脱碳社会而正在推进"地球变暖对策规划"的实施。
　　经济产业省的专家会议提出了以可再生能源为主要发电能源的长期能源战略。环境省也整理了第5次环境基本计划，提出了尽可能地抑制对环境的负面影响，同时兼顾推进各地区经济活动的措施，并且这项措施已被内阁批准。
　　"地球日"在1970年4月22日被提出，即是关心保护地球环境的纪念日。现在全球192个国家参与这个节日，每年都有10亿人以上参加相关活动，"地球日"已经是世界上最大的民间环境纪念日。

日本語

　　政府は2016年から「2050年度までに、温室効果ガス排出量を8割減らす」という目標を掲げ、「地球温暖化対策計画」を進め、脱酸素社会を目指しています。
　　それらの実現のため、経済産業省の有識者会議は、再生可能エネルギーを主力電源とする長期的なエネルギー戦略を提言しました。環境省においても、第5次環境基本計画をまとめ、環境負荷を最小限に抑えつつ、地域経済を活性化する取り組みを提案し、閣議決定しました。
　　ここで「アースディー」とは、地球の環境保護について考える日として、1970年4月22日に提案された記念日をさします。現在、世界192カ国で展開され、毎年10億人以上がイベントに参加しており、世界的に最も大きな民間の環境記念日となっています。

単語	ピンイン	意味	単語	ピンイン	意味
温室气体排出量			消减		
专家会议			提出		
可再利用能源			主要电源		
长期			能源		

【応用語句】

1. 可再生能源　kězàishēng néngyuán：再生可能エネルギー	
2. 绿色氢气　lǜsè qīngqì：グリーン水素	

課題④　練習問題に挑戦しましょう。

　　日本政府以"到2050年度，把温室气体排出量消减80%"为目标，(1)实现脱碳社会(2)正在推进"地球变暖对策规划"的实施。

　　经济产业省的专家会议提出了以可再生能源为主要发电能源的长期能源战略。环境省(3)整理了第5次环境基本计划，提出了尽可能地抑制对环境的负面影响，同时兼顾推进各地区经济活动的措施，并且这项措施已被内阁批准。

　　"地球日"在1970年4月22日被提出，即是关心保护地球环境的纪念日。现在全球192个国家参与这个节日，每年(4)有10亿人以上参加相关活动，"地球日"(5)是世界上最大的民间环境纪念日。

1 空欄(1)を埋めるのに適当なものはどれですか。
　① 原因　　② 所以　　③ 因为　　④ 为了

2 空欄(2)を埋めるのに適当なものはどれですか。
　① 着　　② 过去　　③ 现在　　④ 而

3 空欄(3)を埋めるのに適当なものはどれですか。
　① 就　　② 才　　③ 又　　④ 也

4 空欄(4)を埋めるのに適当なものはどれですか。
　① 才　　② 没　　③ 是　　④ 都

5 空欄(5)を埋めるのに適当なものはどれですか。
　① 将来　　② 曾经　　③ 现在　　④ 已经

6 "地球日"について、本文からその内容を述べなさい。

第9課 食品ロス問題

据说2017年4月到6月来日本的游客是过去最多的。
2017年の4月から6月の訪日客は過去最高になったそうね。

好像中国游客特别多。
中国人旅行者は特に多いようだね。

感觉似乎以前那种"爆买"的情况变少了。
以前の「爆買い」は少なくなったような気がするけど。

是现在是"给自己买东西"的逐渐变多了，尤其是给自己买化妆品和相机等。
そうだね。今は「自分へ買い物すること」が多くなって、特に、化粧品やカメラなど自分の為に買ったりするよ。

重视在日本体验的"体验消费"也流行开来了。
日本での体験を重視する「体験的消費」（こと消費）も流行しているそうですね。

是的。神奈川县箱根的"免费穿浴衣—单和服"的活动特别受欢迎。
そうだね。神奈川県の箱根でやっている「ゆかたの着付けサービス」は、特に人気があるようだね。

翔君很了解呀。真佩服你。
翔君はよく知っているわね。感心しました。

能够体验乘坐人力车和租赁和服，这也很好吧。
人力車や着物レンタルを体験できるのもいいですね。

那么下次一起去浅草体验一下吧。
じゃ、今度一緒に浅草に行って、体験しましょう！

38

課題① 新出単語　漫画の中にある単語に☑を付けましょう。　♪26

- ☐ 据说 jùshuō　聞くところによれば
- ☐ 特别 tèbié　格別に
- ☐ 似乎 sìhū　まるで
- ☐ 情况 qíngkuàng　情況
- ☐ 化妆品 huàzhuāngpǐn　化粧品
- ☐ 重视 zhòngshì　重視する
- ☐ 免费 miǎnfèi　無料
- ☐ 活动 huódòng　活動、サービス
- ☐ 佩服 pèifu　感心する
- ☐ 人力车 rénlìchē　人力車

- ☐ 游客 yóukè　観光客
- ☐ 感觉 gǎnjué　感じる
- ☐ 爆买 bàomǎi　爆買い
- ☐ 逐渐 zhújiàn　次第に
- ☐ 相机 xiàngjī　カメラ
- ☐ 流行 liúxíng　流行する
- ☐ 浴衣 yùyī　ゆかた
- ☐ 受欢迎 shòu huānyíng　人気がある
- ☐ 乘坐 chéngzuò　乗る
- ☐ 租赁 zūlìn　レンタルする

 課題②　問題提起

　この課では、消費者としての「作る」と「使う」責任を認識する必要性を学んでいく上で、「ものを買う」から「体験型のこと」消費型へ移行していく具体的な事例を本文で学びました。訪日外国人が急増する中、地方に観光客を呼び込むための取り組みが進んでいます。ターゲットを明確化して営業・宣伝活動を行い、きめ細かな受入れ体制を整備することで、外国人観光客の大幅な増加に結び付けた例もあります。

　さて、日本には「もったいない」という素敵な言葉がありますが、この言葉を伝えていくために、クイズ形式で問題を作成し、答えと現状について調べていきましょう。

問題	答え
選択肢 1． 2． 3． 4．	現状

第9課

課題③ 中国語と日本語の対訳を見ながら、単語をまとめましょう。

中国語 ♬27

　　我们在第3课学过了"食物浪费"。"食物浪费"对地球变暖等气候变化的影响很大。

　　也就是说，为了"制造"食品而使用的水和能量，我们在"消费"食品时没有很好地利用，从"制造"到"消费"的全程都产生了温室气体。我们应该承担那些"责任"。

　　我们通过具体的事例来考虑一下消费的倾向性。

日本語

　「食品ロス」については第3課でも学びましたが、「食品ロス」が地球温暖化などの気候変動に大きく影響しています。

　つまり、食品を「作る」ために使われる水やエネルギーは、食品を「使う」ことによって無駄にしてしまい、「作る」から「使う」の全行程において、温室効果ガスを発生させてしまいます。私たちは、そうした「責任」を担う必要があります。ここでは、消費の傾向性について事例を見ながら考えていきましょう。

単語	ピンイン	意味	単語	ピンイン	意味
给地球			变暖等气候变化		
影响			不小		
也就是说			为了"制造"食品		
水和能量			制造		
消费			全过程当中		
产生			温室气体		
承担			具体的事例		
考虑考虑			倾向性		

【応用語句】

1. 节能灯泡 jiénéng dēngpào：LED電球
2. 生态足迹 shēngtài zújì：エコロジカル・フットプリント
3. 良知消费 liángzhī xiāofèi：エシカル消費

課題④ 練習問題に挑戦しましょう。

　我们(1)第3课学过了"食物浪费"。"食物浪费"对地球变暖等气候变化的影响很大。

　也就是说，为了"制造"食品(2)使用的水和能量，我们在"消费"食品时没有很好地利用，(3)"制造"(3)"消费"的全程(4)产生了温室气体。我们应该承担那些"责任"。

　我们通过(5)<u>具体的事例</u>来考虑一下消费的倾向性。

1 空欄(1)を埋めるのに適当なものはどれですか。

　① 在　　② 到　　③ 的　　④ 地

2 空欄(2)を埋めるのに適当なものはどれですか。

　① 之　　② 时　　③ 而　　④ 的

3 2か所の空欄(3)を埋めるのに適当なものはどれですか。

　① 因为……所以……　　② 不是……是……

　③ 从……到……　　　　④ 是……不是……

4 空欄(4)を埋めるのに適当なものはどれですか。

　① 再　　② 又　　③ 也　　④ 都

5 下線部が示す内容を調べ述べなさい。

第10課 誰一人置き去りにしない

課題① 新出単語　漫画の中にある単語に☑をいれましょう！ 🎵29

- □ 教育 jiàoyù　教育
- □ 小学 xiǎoxué　小学校
- □ 高中 gāozhōng　（高級中学）高校
- □ 看来 kànlai　見たところ〜のようだ
- □ 叫法 jiàofǎ　呼び方
- □ 农村 nóngcūn　農村
- □ 希望工程 Xīwàng Gōngchéng　希望プロジェクト（貧困地区の就学困難児童を援助する政策プロジェクト）
- □ 关注 guānzhù　関心を持つ
- □ 制度 zhìdù　制度
- □ 初中 chūzhōng　中学校
- □ 大学 dàxué　大学
- □ 只是 zhǐshì　ただ
- □ 电影 diànyǐng　映画

 課題② 問題提起

　「人や国の不平等をなくそう」の目標について、第10課では中国映画《一个都不能少》『あの子をさがして』を取り上げて学びました。この映画を鑑賞して、皆さんは文化の違いはありとあらゆるところにあると感じたのではないでしょうか。

　しかし、大切なのは、文化のどちらがいいとか悪いとかではなく、それら多様な文化の中にこそ、豊かさが詰まっているのではないでしょうか。自分とは異なる文化を避けて通る人に、歩み寄りを促す鍵となるのが「教育」ではないでしょうか。

　本テキストの最終の課では「人や国の不平等をなくそう」というテーマについて、クイズ形式で問題を作成し、答えや現状も調べ、具体的にあなたの考えを書いていきましょう。

問題	答え
	現状
選択肢	
1.	
2.	
3.	
4.	

第10課

課題③　中国語と日本語の対訳を見ながら、単語をまとめましょう。

中国語　♪30

　　1989年中国青少年发展基金会致力于帮助贫困地区就学困难儿童，开展了很多社会公益事业。其中，有一个项目叫做"希望工程"，通过建造"希望小学"来改善农村地区的学习环境。这些项目大大改变了贫困地区的就业状况，加深了社会上对教育重要性的认知，促进了基础教育的发展。

　　为了构建共生的未来，消除人之间或国家之间的不平等，或许应该从通过改善教育环境，让每个人都能建立自信开始吧。

　　所以，像"共同体教育"这种类型的，能够引导每个人释放自己可能性的教育方式，是非常重要的。

日本語

　　1989年中国青少年発展基金会が行なった貧困地区の就学困難児童援助のための社会公共事業では、「希望工程」というプロジェクトを実施し、「希望小学校」とよばれる小学校を建設し、農村地区の就学面の改善に力を注いでいます。これらの実施により、貧困地区の就学状況を大きく変え、社会における教育の重要性を提起し、基礎教育の発展を促しています。

　　共生の未来を構築していくための変革は、人や国の不平等をなくし、誰にでも必ずできるという自信を与えることから始まるのではないでしょうか。そのための「コミュニティ教育」をはじめとする一人一人の可能性を開く教育が大事なのです。

単語	ピンイン	意味	単語	ピンイン	意味
中国青少年发展基金会			为了		
举办			帮助		
贫困			地区		
就学困难			儿童		
做			社会公共事业		
有一个项目			叫做		
希望工程			建造		
尽力于			改善		
这些项目			学习环境		
就业状况			大大改变		
重要性			社会上的教育		
基础教育			促进		
构建			发展		
未来			共生		
或许是			变革		

人或国家之间			消除		
保持			不平等		
心态			一定		
所以			开始		
开放			共同体		
可能性			每一个人		

【応用語句】

| 1. 公平贸易 gōngpíng màoyì：フェアトレード |
| 2. 洗钱 xǐqián：資金洗浄、マネーロンダリング |
| 3. 黑孩子 hēiháizi：黒孩子(ヘイハイツ)、闇っ子 |

 課題④ 練習問題に挑戦しましょう。

　　中国青少年发展基金会致力(1)帮助贫困地区就学困难儿童，开展了很多社会公益事业。其中，有一个(1)叫做"希望工程"，通过建造"希望小学"来改善农村地区的学习环境。这些(2)大大改变了贫困地区的就业状况，加深了社会上对教育重要性的认知，促进了基础教育的发展。
　　(3)构建共生的未来，消除人之间或国家之间的不平等，或许应该从通过改善教育环境，(4)每个人都能建立自信开始吧。
　　所以，像"共同体教育"这种类型的，能够引导每个人释放自己可能性的教育方式，是非常重要(5)。

1 空欄(1)を埋めるのに適当なものはどれですか。

　①之　②在　③于　④与

2 空欄(2)を埋めるのに適当なものはどれですか。

　①看法　②构想　③意见　④项目

3 空欄(3)を埋めるのに適当なものはどれですか。

　①言之　②所以　③为了　④因为

4 空欄(4)を埋めるのに適当なものはどれですか。

　①和　②但　③而　④让

5 空欄(5)を埋めるのに適当なものはどれですか。

　①的　②了　③地　④着

6 本文にある"希望小学校"についてまとめて記載しなさい。

探求活動サポート計画表

日時	指導項目	指導内容
／	課題：サスティナブルな X が生む幸せ〜 〜に各自がやってみたいモノやコトを設定する。 ①解決方法 ・情報収集方法 ・文献収集方法（図書館ステップアップ講座） ・アンケート作成方法	目標：地球に住む私たち一人一人が心を交わし共生していくために必要なことを考える。 課題解決のための現状分析と要因分析 1）現状を知る 2）現状を分析する 3）要因を考える 4）要因を分析する 5）提案する
	グループ活動	グループに分かれ課題についての情報共有
／	中間発表PPT	グループ別に7分程度の発表を行う。
	講評・改善指導	次回、最終発表では、講評内容を参考にし、発表内容を改善7分程度の最終発表
／	最終発表	グループ別に7分程度発表を行う。 全体の振り返りを行う。

あいさつ Greetings 🎵31

●スキットを作成し、会話練習をしてみましょう。

自己紹介 Self-introduction

●スキットを作成し、会話練習をしてみましょう。

買い物 Shopping 🎵 33

● スキットを作成し、会話練習をしてみましょう。

換金 Many exchange 🎵 34

●スキットを作成し、会話練習をしてみましょう。

タクシー・バスに乗る Taking a taxi / a bus 🎵35

●スキットを作成し、会話練習をしてみましょう。

電話をかける Making a phone call

● スキットを作成し、会話練習をしてみましょう。

食事をする Having a meal 🎵37

●スキットを作成し、会話練習をしてみましょう。

道を尋ねる Asking a direction

●スキットを作成し、会話練習をしてみましょう。

先生のお宅訪問 Visiting a teacher's house 🎵39

●スキットを作成し、会話練習をしてみましょう。

病院に行く Going to a hospital

40

●スキットを作成し、会話練習をしてみましょう。

旅行へ行く Going on a trip 🎵41

● スキットを作成し、会話練習をしてみましょう。

ホテルに泊まる Staying at a hotel

● スキットを作成し、会話練習をしてみましょう。

トラブル Troubles 🎵 43

●スキットを作成し、会話練習をしてみましょう。

空港・機内にて At an airport / On a plane 🎵44

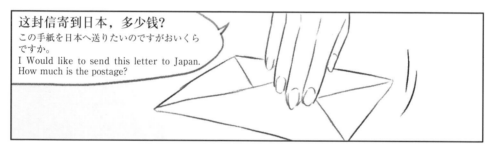

●スキットを作成し、会話練習をしてみましょう。

手紙や荷物を送る Sending a letter / a parcel 🎵45

●スキットを作成し、会話練習をしてみましょう。

相手を励ます Encouraging a friend 🎵46

留学考试考砸了。
留学試験に失敗しました。
I failed in the exam for studying abroad.

没关系。慢慢来，别着急。
有下次。继续努力。加油加油！
大丈夫ですよ。ゆっくりいきましょう。
焦らなくても、次があります。続けて努力しましょう。がんばれがんばれ！
Don't worry.
Take your time. You do not have to hurry.
Better luck next time. Please continue your efforts.
Go for it!

分手了好难过。
別れました、とても辛いです。
We broke up. I'm having a hard time.

别想太多，不要紧。你漂亮，你能干。
一定有更好的。
あまり考えすぎないで、大丈夫ですよ。
あなたは綺麗で、仕事もできます。
きっともっといい人がいますよ。
Don't be too serious. You'll be okay.
You are beautiful and very competent in your work.
You will find someone better for you.

●スキットを作成し、会話練習をしてみましょう。

中国で旧正月を過ごす Spending Chinese New Year in China 🎵47

中国春节怎么过?
中国の春節はどのように過ごしますか。
How do you spend Chinese New Year?

放鞭炮,吃饺子,看春晚,打麻将,给红包,真热闹。
爆竹を投げたり、餃子を食べたり春晚（日本でいう紅白）を見たり、マージャンをしたり、お年玉をあげたり、とても賑やかですよ。
We spend an enjoyable time setting off firecrackers, Eating Chinese 春晚 (similar to khaki in Japan), Playing mahjong and giving money to children.

新年好！
明けましておめでとう！
Happy New Year!

新年好！饺子好了，来吃吧。
明けましておめでとう！
餃子ができましたよ。さぁ食べましょう。
Happy New Year! Chinese dumplings are served. Let's eat.

祝大家幸福快乐！
为我们的友谊干杯！
みんなが幸せで楽しくありますように！
私たちの友誼に乾杯！
I hope it will be happy and enjoyable year for all of us. Here's to our friendship!

●スキットを作成し、会話練習をしてみましょう。

図書館文献検索講座「"SDGs"に関する文献を探そう！」
関東学院大学図書館

はじめに

この講座では "SDGs" に関する文献をデータベースを利用して探していきます。しかし、なぜデータベースを利用する必要があるのでしょうか？皆さんがよく利用しているインターネット情報の中には、信頼性が高いもの低いもの様々な情報が含まれ、情報の取捨選択が必要です。しかしデータベースの情報はインターネット情報に比べ信頼性が高く、客観的な情報が集約され、効率的に検索することができるのです。"SDGs" に関する論文、雑誌記事、書籍をデータベースで探して多角的にこのテーマにアプローチし、科学的に学習していきましょう。

＊この講座では関東学院大学で利用できるデータベースや OPAC を例に説明していきます。
他大学図書館や高校図書室、公共図書館とは一部異なる場合があります。

1. 語句の意味や定義を確認する

Point

- 70種類以上のコンテンツを一括検索できる国内最大級の辞書・事典データベースである "Japan Knowledge Lib"（ジャパンナレッジリブ）を使ってみましょう。
- このデータベースは学校や研究機関等で有料契約しています。（＊個人契約版もあります）
- "SDGs" で検索し、ヒットした『デジタル大辞泉』（小学館）や『現代用語の基礎知識』（自由国民社）で概要をつかみましょう。

ヒント

- 関連項目に表示される「2030アジェンダ」や「脱炭素経営」では新たなキーワードや切り口を見つけることができ、リンクを辿ってみるとさらに発見があります。
- 文章中に出てきた「ミレニアム開発目標」という言葉が気になったなら、"Knowledge Searcher" 機能を使ってその言葉をドラッグしてみると新しい検索結果が表示されます。このように気になった単語から次から次へと関連情報を集めていくことができます。
- 「引用元挿入機能」を使って情報をコピーし、Word などにペーストすると下記のような引用情報が自動挿入され便利です。レポートを書く際には引用情報を明示する必要があるので、他のインターネット情報から引用する際にもこの書き方を参考にすると良いでしょう。

"SDGs", 日本大百科全書(ニッポニカ), JapanKnowledge, https://japanknowledge.com, （参照 2024-06-25）

2. 新聞記事を調べる

概要がつかめたら、次は新聞データベースを使って新聞記事を探し、"SDGs" の最新情報や動向を確認しましょう。

Point

- インターネットのニュースで無料の新聞記事は見ているという人も多いでしょう。今回使用する大学が有料で契約している新聞データベースと無料で閲覧できる新聞社 HP の情報は内容が異なります。データベースは検索性が高く、より詳しい情報や古い情報も探すことができます。

- 新聞は情報の速報性があり責任が明確で信頼性が高く、レポートや卒論の情報源として利用できます。
- 新聞各社により論調が異なる場合もあるので、複数の新聞を見て多角的に分析する必要があります。
- 契約により同時にアクセスできる人数に制限があるので、利用後は必ずログアウトしましょう。
- 朝日新聞や読売新聞など各社の新聞記事データベースがありますが、今回は日本経済新聞社が提供するオンラインサービス「日経テレコン21」を使って記事を検索してみましょう。

☞ ヒント

- メインコンテンツで記事検索を選び、検索欄に "SDGs" を入力します。
- 検索期間は絞り込みをしたり、広げることができます。
- 日経各紙が検索対象なので必要ない媒体はチェックを外しましょう。
- 検索ボタンを押すとヒット件数が表示されます。
- 検索結果の件数が多すぎる場合は、キーワードに関連したテーマや業界が表示される「絞り込みキーワード候補」でさらに絞り込んでみましょう。目的に応じた効率的な検索ができる他、この候補を見ることで、「バイオテクノロジー分野と "SDGs" はどのような関係があるのだろう？」や「トヨタ自動車では "SDGs" についてどんな取り組みをしているのだろう？」といった新たな発想や視点（キーワード）を得ることができます。「絞り込み候補」を選択したら「再検索」ボタンを押しましょう。
- 検索結果が50〜100件程度に絞り込まれたら「見出しを表示」ボタンを押すと新聞記事の見出しが表示されます。
- 見出し一覧の中で見たい記事があればその「見出し」か横の「PDF 表示」ボタンを押します。
- PDF の方が写真やグラフなど情報量が多く、記事の内容をより理解しやすくなりますので、テキストだけでなく必ず PDF もチェックしましょう。
- レポートや卒論に引用や参照した場合には紙名や日付を記載する必要がありますが、PDF を印刷すると引用情報が自動挿入され便利です。

> 例）掲載日　2020年10月30日 日本経済新聞　夕刊 10ページ

3. 論文や雑誌記事を探す ・・・

"SDGs" の中でもこのテーマで学習をすすめたいということが絞れてきたら、次に雑誌に掲載された学術的な文献を探してみましょう。その前にここで言う雑誌とは何か確認しておきます。雑誌というとファッション誌やコミック誌が思い浮かぶかもしれません。雑誌には下記のような種類があります。今回は「学術雑誌」と「専門雑誌」から学術的な文献を探してみましょう。

雑誌の種類

学術雑誌	学術論文が掲載された雑誌、大学発行の紀要など（例：「関東学院大学人間環境学会紀要」）
専門雑誌	ある特定の専門分野についての論文や記事などが掲載された雑誌（例：「月間地球環境」）
一般雑誌	コンビニ等で売られている週刊誌、ファッション誌など（例：「AERA」「non-no」）

65

情報が発信される基本的な順番についても確認しておきましょう。

当日	1日後	1週間〜数ヶ月後	数ヶ月〜数年後
現在			→ 未来
インターネット テレビ、ラジオ	新聞	雑誌	図書

＊新書など早く刊行される図書もあります

ここでは"CiNii Research"というデータベースを使い学術的な文献（雑誌論文）を探していきます。

Point
- "CiNii Research"とはNII（国立情報学研究所）が運営する日本最大規模の学術情報検索サービスで論文や雑誌記事、図書、研究データなどを検索できます。大学生の学習には必須のデータベースです。
- 探している論文や記事が、何年何月発行の何という雑誌の何巻・何号・何ページに掲載されているかを調べることが可能で、本文が参照できるものも多くあります。
- 無料公開されており、学外やスマートフォンなどどこからでも利用が可能です。

ヒント
- 論文検索の検索欄に"SDGs"を入力して検索ボタンを押します。
- 件数が多い場合にはキーワードを追加して再検索しましょう。
- 機関リポジトリ などのリンクボタンが表示される文献はすぐに本文を参照できます。
  ＊「機関リポジトリ」とは大学や研究機関が所属する研究者の知的生産物を電子的に集積し、保存・公開するシステムのことで、大学が発行する学術雑誌である紀要に掲載された論文は「機関リポジトリ」からすぐに本文をPDFで参照できるものが多くあります。
- 本文が入手できないものは OPAC ボタンで図書館の所蔵を探してみましょう。
- 図書館に所蔵がない場合もあきらめないでください。図書館に依頼すると、他大学や他機関から文献複写を取寄せすることもできます。ただし、実費と日数（1週間程）がかかります。
- Link ボタンを押すと、OPACから「ILL複写依頼」ができます。タイトルやページ数などを入力しなくとも"CiNii Research"の書誌情報が自動的に入力され簡単に依頼ができます。
- 文献に関係するキーワードや参考文献が表示される場合もあります。リンクを辿ると関連する文献が見つかったり、新たな発見があります。

検索結果の見方

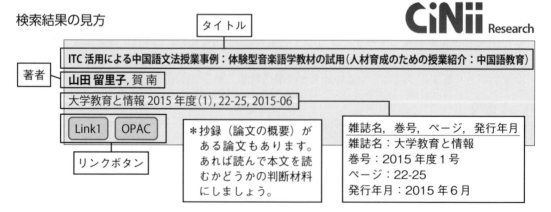

4. 参考文献から新たな文献を探す
- 1つの文献を読んで参考になった場合、その文献の最後に記載されている参考文献・引用文献に注目してみましょう。

- 読んでみたい論文があれば、そのタイトルや著者名で再度 "CiNii Research" を検索してみましょう。
- 1つの文献から次の文献を芋づる式に見つけていくことができます。

5. OPACで本を探す

"SDGs" について体系化された本や学術書・専門書を読みさらに理解をすすめましょう。OPAC（Online Public Access Catalog）とは、図書館の蔵書を探すためのオンライン蔵書目録検索システムのことで「オパック」と読みます。OPAC で検索することには慣れているという人も多いでしょう。ここではキーワードや著者名からだけではない検索方法や OPAC の便利な機能を知り、さらに効率的に OPAC を使ってみましょう。

Point
- キーワードやタイトルの他、分類や件名からも探すことができます。
- OPAC に学籍番号など自分のアカウントでログインすると、文献リスト作成や貸出更新、貸出履歴の確認などの機能を使うことができます。
- 最近増えている電子ブックも探すことができます。大学が契約した電子ブックを PC やスマートフォンで読むことができます。

ヒント
- キーワード "SDGs" で検索すると250件（2024.6.25現在　以下同）ヒットしました。
- ヒットした本の中から1冊選び、書誌詳細情報にある「件名」に着目してみましょう。件名「持続可能な開発」をクリックすると274件ヒットし、似たテーマの本をより多く見つけることができました。
  件名とはその本に書かれている内容を示すもので、その本のテーマのことです。本のタイトルに "SDGs" という言葉が入っていなくても、この件名がデータに入っている本があるので件名で探すとヒット件数が増えたという訳です。
- 図書館の本は分類番号順に並んでいます。番号は本の内容＝テーマによって決められた本の住所のようなものなので同じテーマの本は近くの本棚にあります。"SDGs" は経済や環境など様々な分野に関連するので決まった分類番号はありませんが、気に入った本が1冊見つかったら、その本の近くも見てみると新たな1冊が見つかるかもしれません。分類番号から OPAC で探すこともできます。
- 件名や分類で探してみると、キーワード検索よりも精度をあげて探すことができる場合があります。
- OPAC にログインし「ブックマーク」ボタンを押すと簡単に文献リストを作成することができ便利です。

- 予約ボタンで他キャンパスから本の取り寄せができます。総合大学には"SDGs"に関する様々な分野の本がありますので、ぜひこの機能を活用しましょう。貸出中の本を予約することもできます。
- 本を読んで参考になった場合には、新たに参考になりそうな本やデータが参考文献として巻末に記載されていないかチェックして次に読む本を探してみましょう。

電子ブックを読んでみよう！
- OPACで検索すると紙の本の他に電子ブックもヒットします。アイコンの違いで見分けましょう。
- 詳細情報のURLをクリックすると本文をすぐに閲覧できます。
- アカウント登録や学内認証を経ると自宅のPCやスマートフォンからも閲覧できます。
- いつでも・どこでも読めるのが電子ブックの魅力です！

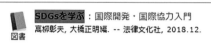

参考図書を活用しよう！
- 参考図書とは特定の情報を調べるための辞書、事典、図鑑、年鑑などの必要な項目だけを参照するための資料のことです。参考図書を使えば調べものの手がかりや概要、必要な統計データなどを調べることができますので、ぜひ活用しましょう。
- 例えば、「中国文化」について調べたいと思ったら下記のような参考図書があります。

『中国文化事典』中国文化事典編集委員会編，丸善出版，2017
『中国文化史大事典』尾崎雄二郎，竺沙雅章，戸川芳郎編集代表，大修館書店，2013
『中国年鑑2024』中国研究所編，明石書店，2024

6. 外部から文献を入手する
- 図書館やデータベースで文献が入手できない文献は、他大学や他機関から取寄せることもできます。
- 図書館のカウンター、もしくはOPACの「ILL複写依頼」ボタンから申込みが可能です。
- 費用（複写代金と送料）と日数（申込み～申込先の処理～送付）がかかりますのでご注意ください。
- 近隣大学のコンソーシアム制度や紹介状を利用して他大学図書館へ行くこともできます。行く前に自分の所属する図書館に相談してみましょう。

7. 参考文献の書き方
論文や本を参考にレポートを書いたら必ず最後に参考文献を明記する必要があります。
例として"SIST"（科学技術情報流通技術基準）の参考文献の書き方を紹介します。

①図書（1冊すべて）を利用した場合

著者名．書名．版表示，出版者，出版年，総ページ数，（シリーズ名，シリーズ番号）．

例）山田留里子．課題解決型中国語：SDGsを題材にした．駿河台出版社，2019, 69p.

②学術雑誌の論文を利用した場合

著者名．論文名．雑誌名．出版年，巻数，号数，はじめのページ-おわりのページ．

例）山田留里子．ICT 利用による双方向的中国語文法授業を創造する体験型音楽語学教材の開発とその教育効果．論文誌 ICT 活用教育方法研究．2014, vol. 17, no. 1, p. 13-18.

8. レファレンス・サービスを活用しよう

レファレンス・サービスとは、利用者の皆さんが必要な資料や情報を探し出す際に、協力・援助する図書館サービスです。「"SDGs" の児童福祉に関係する文献を探したい」「"SDGs" についてデータベースで調べてみたいが使い方がわからない」といった質問にも答え、文献探しの手伝いをします。わからないことがあれば図書館のカウンターで相談してみましょう。メールでの質問も受け付けています。

おわりに

"SDGs" に関する文献を見つけることはできましたか？これからもデータベースや OPAC、そして図書館サービスを活用し、たくさんの情報・資料を探して "SDGs" への理解を深めてください。SDGs ブックリストもぜひご活用ください。

SDGs ブックリスト

『SDGs辞典』

渡邉優著. ミネルヴァ書房, 2023.

『SDGsの基礎：みずから学ぶ世界の課題』

武蔵野大学教養教育部会編著. 武蔵野大学出版会, 2023.

『図解SDGs入門』

村上芽著. 日経BPマーケティング, 2021.

『SDGs時代に知っておくべき環境問題入門：実践者が語る!』

福嶋慶三 [ほか] 編著. 関西学院大学出版会, 2023.

【SDG2 飢餓をゼロに】

『SDGsから考える世界の食料問題』
(岩波ジュニア新書；984)

小沼廣幸著. 岩波書店, 2024.

【SDG1 貧困をなくそう】

『ヤングケアラー：介護する子どもたち』

毎日新聞取材班著. 毎日新聞出版, 2021.

【SDG4 質の高い教育をみんなに】

『教育格差：階層・地域・学歴』
(ちくま新書；1422)

松岡亮二著. 筑摩書房, 2019.

【SDG5 ジェンダー平等を実現しよう】

『多様性って何ですか?
：SDGs、ESG経営に必須!：D&I、ジェンダー平等入門』

羽生祥子著. 日経BP, 2022.

【SDG6 安全な水とトイレを世界中に】

『水がなくなる日』

橋本淳司著. 産業編集センター, 2018.

【SDG7 エネルギーをみんなにそしてクリーンに】

『エネルギーの物語：
わたしたちにとってエネルギーとは何なのか』

マイケル・E・ウェバー著. 柴田譲治訳. 原書房, 2020.

【SDG8 働きがいも経済成長も】

『チョコレートの真実』

キャロル・オフ著. 北村陽子訳. 英治出版, 2007.

【SDG9 産業と技術革新の基盤をつくろう】

『ポストコロナ社会とSDGs』

川村真理, 北島勉編. 弘文堂, 2022.

【SDG10 人や国の不平等をなくそう】

『ブラック・ライヴズ・マター：
　　　黒人たちの叛乱は何を問うのか』

河出書房新社編集部編. 河出書房新社, 2020.

【SDG11 住み続けられるまちづくりを】

『持続可能な地域のつくり方
　　：未来を育む「人と経済の生態系」のデザイン
　　：実践地方創生×SDGs』

筧裕介著. 英治出版, 2019.

【SDG12 つくる責任 つかう責任】

『大量廃棄社会：アパレルとコンビニの不都合な真実』 (光文社新書；998)

仲村和代, 藤田さつき著. 光文社, 2019.

【SDG13 気候変動に具体的な対策を】

『地球が燃えている：気候崩壊から
　　人類を救うグリーン・ニューディールの提言』

ナオミ・クライン著. 中野真紀子, 関房江訳. 大月書店, 2020.

【SDG14 海の豊かさを守ろう】

『追いつめられる海』(岩波科学ライブラリー；294)

井田徹治著. 岩波書店, 2020.

【SDG15 陸の豊かさも守ろう】

『センス・オブ・ワンダーへのまなざし：
　　　レイチェル・カーソンの感性』

多田満著. 東京大学出版会, 2014.

【SDG16 平和と公正をすべての人に】

『「暴力」から読み解く現代世界』

伊達聖伸, 藤岡俊博編. 東京大学出版会, 2022.

【SDG17 パートナーシップで目標を達成しよう】

『私たちが国際協力する理由
　　：人道と国益の向こう側』

紀谷昌彦, 山形辰史著. 日本評論社, 2019.

著　者

山田　留里子　関東学院大学人間共生学部教授

探求的に学ぶ中国語

2025. 3 .31　初版発行

発行者　上　野　名　保　子

発行所　〒101-0062　東京都千代田区神田駿河台３の７
　　　　電話　東京03（3291）1676　FAX 03（3291）1675
　　　　振替　00190-3-56669番
　　　　E-mail：edit@e-surugadai.com
　　　　URL：http://www.e-surugadai.com

株式
会社　駿河台出版社

組版・印刷・製本／フォレスト

ISBN 978-4-411-03172-3 C1087　￥2500E

中国語音節全表

韻母 声母	1														i	ia	iao	ie
	a	o	e	-i	er	ai	ei	ao	ou	an	en	ang	eng	ong	i	ia	iao	ie
b	ba	bo				bai	bei	bao		ban	ben	bang	beng		bi		biao	bie
p	pa	po				pai	pei	pao	pou	pan	pen	pang	peng		pi		piao	pie
m	ma	mo	me			mai	mei	mao	mou	man	men	mang	meng		mi		miao	mie
f	fa	fo					fei		fou	fan	fen	fang	feng					
d	da		de			dai	dei	dao	dou	dan		dang	deng	dong	di		diao	die
t	ta		te			tai		tao	tou	tan		tang	teng	tong	ti		tiao	tie
n	na		ne			nai	nei	nao	nou	nan	nen	nang	neng	nong	ni		niao	nie
l	la		le			lai	lei	lao	lou	lan		lang	leng	long	li	lia	liao	lie
g	ga		ge			gai	gei	gao	gou	gan	gen	gang	geng	gong				
k	ka		ke			kai	kei	kao	kou	kan	ken	kang	keng	kong				
h	ha		he			hai	hei	hao	hou	han	hen	hang	heng	hong				
j															ji	jia	jiao	jie
q															qi	qia	qiao	qie
x															xi	xia	xiao	xie
zh	zha		zhe	zhi		zhai	zhei	zhao	zhou	zhan	zhen	zhang	zheng	zhong				
ch	cha		che	chï		chai		chao	chou	chan	chen	chang	cheng	chong				
sh	sha		she	shi		shai	shei	shao	shou	shan	shen	shang	sheng					
r			re	ri				rao	rou	ran	ren	rang	reng	rong				
z	za		ze	zi		zai	zei	zao	zou	zan	zen	zang	zeng	zong				
c	ca		ce	ci		cai		cao	cou	can	cen	cang	ceng	cong				
s	sa		se	si		sai		sao	sou	san	sen	sang	seng	song				
	a	o	e		er	ai	ei	ao	ou	an	en	ang	eng		yi	ya	yao	ye